TON AURORE
BORÉALE

Recueil de poèmes

par Manon Boeglin

Parmi toutes les étoiles,

il y avait la tienne...

Celle qui a su rallumer la lumière en moi.

SOMMAIRE

CETTE RENCONTRE...

Et puis tu fais cette rencontre.

Cette personne qui détrône toutes les autres.

Et même si tu rencontres d'autres personnes merveilleuses,

ton cœur ne veut plus qu'elle.

Tu reconnais ta maison en elle, ton foyer.

L'endroit où ton âme veut se reposer.

*Tu as remis en moi quelque chose que je
croyais éteint à jamais, ma magie.*

ECHOS D'AMES

Quand je t'écoute, j'ai l'impression de
m'entendre moi…

C'est étrange tu vois, je ne pourrais pas
expliquer pourquoi.

Mais en toute bienveillance, laisse-moi
te dire que mon âme te voit,

que tu fais écho en moi.

Conquise ? Je ne l'ai pas choisi.

Acquise ? Ma raison me l'interdit.

DE L'IMPOSSIBLE AU POSSIBLE

Tu es arrivé sans que j'm'y attende.

Je travaillais sur moi-même,

à élever mes vibrations et mes attentes.

Je t'ai entendu parler mon langage.

Voir le monde avec mes yeux,

chanter mes chansons préférées…

Chanter, ma passion depuis que je suis
née.

DE L'IMPOSSIBLE AU POSSIBLE

En un fragment de seconde,

ton âme a rallumé quelque chose.

Cette volonté de montrer ma lumière au
monde…

Toutes ces peurs que j'avais avant, elles
ne prendront plus le dessus à présent.

Décidée à réussir et à montrer à mon
tour, tout ce qui vibre en moi comme
amour.

JE VEUX

Je veux courir vers la mer,

dans les vagues avec toi.

Te sauter dans les bras,

nos cœurs en émois.

Je veux parler de tout.

Entendre encore et encore

le son de nos voix qui se mélangent,
c'est comme une symphonie chantée par
les anges.

JE VEUX

Mon âme-sœur, mon double, mon
meilleur ami.

Maintenant sur Terre j'ai mon paradis.

Je veux chanter, parler musique, tout
partager.

Je veux rire, danser, voyager.

Et éclairer le monde de notre lumière.

Je veux tes yeux.

Je veux ta peau.

La douceur de ta voix…

Je te veux, toi.

MY HOME

En français on dit « nous sommes un »
mais en poésie on dit :

Si d'un bout du monde à l'autre, la seule
mélodie de mon âme c'est celle qui aux
pulsations de la tienne bat comme un
tam-tam et me guide vers moi-même…

Je sais que ma maison n'est pas quatre
murs et un toit, mais plutôt chaque
vibration de ton aura.

C'est elle qui me protège depuis la nuit
des temps.

Comme un ancien sortilège qui
protègerait son plus beau temple.

ENCORE AMOR

Fais-moi la cour encore, encore.

Fais-moi la cour, dis-moi, Amor…

Que nos deux âmes se reconnaissent.

Que la vérité de notre destin nous
caresse.

Enfin on peut se réunir pour faire
grandir cet amour divin à l'infini.

Dans le cœur des gens,

nous sommes ces guides venus du
paradis.

MON AUTRE

Effrayée, paniquée, tourmentée, de cette
réalité que je suis en train d'incarner…

En m'élevant spirituellement je n'avais
pas réalisé que j'allais attirer à moi cet
amour inconditionnel.

Cet amour qui déploie mes ailes,
intensifie mon rayonnement.

Il me pétrifie.

Et pourtant quand il me parle

Tout mon corps reprend vie.

Je ne fais que sourire

Mon cœur accélère

Et mon âme se réveille.

MON AUTRE

Je lui parle naturellement.

Un sentiment de bonheur,

comme si je le retrouvais,

après avoir passé des vies à le perdre et
à le chercher.

J'ai donc envie de tout lui raconter de
moi.

De ma vie, de tout ce que je suis.

Comme à un vieil ami après une très
longue absence…

L'attraction que je vis est si intense,

Elle me transcende littéralement.

La ressent-il aussi ?

UNIVERS

Cet homme-là il est unique pour moi.

Il est pur, doux, loyal.

Il a bravé mille tempêtes,

vécu mille vies.

Pour incarner toute sa lumière
aujourd'hui…

Il est un ange de lumière.

Un soleil pour toutes les âmes qui
croisent son chemin.

Il est cette parcelle d'amour
inconditionnelle.

Indispensable au monde.

UNIVERS

Il fera toujours partie du monde, partie
du tout.

Car il est trop précieux à cet univers
merveilleux.

Il est magique…

La magie provient de l'intérieur de lui.

Au plus profond de son cœur, là, il y a le
plus beau des paradis…

Il y a son âme.

Cette flamme éternelle

qui m'a fait tomber sous son charme.

EVEIL SPIRITUEL

En français on dit « j'me souviens de
tout » mais en poésie on dit :

Une belle balade au clair de lune,
l'amour au vent nous caressant.

Toi t'es revenu après 100 lunes, toi t'es
revenu et maintenant, la vie n'est plus
cette solitude qui, des aurores au
firmament, nous laissait errer
atrocement.

POUSSIERES D'ETOILES

En français on dit « ils sont les mêmes »
mais en poésie on dit :

Si du pareil au même, les poussières
d'étoiles existent, ils y ont assurément
été créés en même temps.

Si leur flamme intérieure est la même,
ils n'ont pas besoin de l'autre pour
briller.

Mais si l'univers consent à les
rapprocher, alors la magie du cosmos
leur fera comme un coup de tonnerre !

Ils seront leur propre muse.

Ils seront ces anges venus du paradis,
leur inspiration ne cessera de croître à
l'infini.

REFLET

Je pourrais partir au bout du monde
pour toi.

T'écrire des chansons d'amour ou des
chansons tout court.

Des chansons qui parlent de toi, de cet
homme merveilleux que tu es.

C'est si aisé en effet puisque

tu es mon reflet.

Je sais oui ! C'est inédit !

Tu crois que c'est ça un couple sacré, un
amour béni ?

Je pourrais faire tout ça même si tu es
loin de moi.

Car ton âme brûle en moi d'un feu
éternel.

ETERNEL HIVER

Tu m'as déçu.

Tu m'as déçu pas parce que tu avais
besoin de silence.

Ni parce qu'il y a des blessures qu'il faut

encore que tu panses.

Ce besoin certain de prendre tes
distances.

De partir loin, tout seul, penser à rien.

Penser à rien et surtout pas penser à
moi.

ETERNEL HIVER

Je sais que c'est trop tôt, trop vite, trop
fort.

Je sais que ça te dépasse alors tu pars
sans dire au revoir.

Je reviens de loin moi aussi.

Sans rejoindre au détail près cette
histoire de ta vie.

J'ai eu la mienne aussi.

Et j'en guéris encore.

Je comprends mieux que personne le
besoin de convalescence…

Mon âme et la tienne ont le même pas
de danse.

ETERNEL HIVER

C'est drôle comme si nos pensées

dépendent de notre cœur et que si
j'appartiens à ton cœur tu n'pourras que
me penser, me prendre avec toi…

Alors tu m'as déçu, car le bien-être
d'un :

« J't'aime bien tu sais.

*Je ne m'y attendais pas et je ne me sens pas
encore prêt.*

Tu es ce cadeau du ciel qu'on m'a envoyé.

*Cette justice que j'ai méritée pour tout
l'amour que j'ai donné.*

*Mais je ne m'y attendais pas et je ne veux
pas tout gâcher.*

ETERNEL HIVER

Je préfère m'apaiser et te laisser avancer.

Et si quand j'suis prêt, ton cœur, il est à quelqu'un, alors cette personne aura la chance de passer sa vie auprès d'un ange. »

Voilà ce message-là, cette sincérité-là, aurait touché mon cœur et je t'aurais dit

dans un profond silence,

juste de mon âme à la tienne :

« Va. Je sais. Prend soin de toi. Je sais que c'est le chemin pour qu'un jour tu reviennes. »

AME'HEUREUSE

Et même si l'univers m'appelle à toi de
manière insistante.

C'est uniquement la profondeur de tes
actes et l'élégance de ton comportement
qui pourront me faire danser avec toi
une valse enivrante.

Aujourd'hui, je suis fidèle à mon énergie
et je te remercie car malgré toi, tu me
l'as appris.

Et ton silence, il me l'a permis.

AVEC DOUCEUR

J'ai aimé en silence.

Avec douceur.

Comme une ange,

une étoile qui brille dans la nuit pour
toi.

Même si tu ne la vois pas…

J'ai aimé en silence.

De tout mon cœur.

J'ai pleuré avec toi,

quand on te blessait…

AVEC DOUCEUR

Quand tu cherchais désespérément le
grand amour sans le trouver…

Je t'aimais toujours en silence.

Je voulais tant chanter,

et te partager mon âme.

T'ouvrir les yeux sur

mon univers.

Tu sais j'en ai souffert

de ne pas pouvoir le faire.

Lorsque tu pensais à une autre, chantais
pour une autre…

Moi j'écrivais pour toi, je chantais pour
toi.

D'un amour pur, doux, silencieux.
Inégalable.

Parce que tu vois, c'est moi,

ton aurore boréale.

Remerciements

À tous ceux qui ont aimé en silence,

dans la discrétion la plus pure,

avec la puissance du cœur et l'élégance de l'âme.

Ce recueil est pour vous aussi.

© 2025 Manon Boeglin
Édition : BoD · Books on Demand,
31 avenue Saint-Rémy, 57600 Forbach,
bod@bod.fr
Impression : Libri Plureos GmbH,
Friedensallee 273, 22763 Hamburg (Allemagne)
ISBN : 978-2-3225-9529-7
Dépôt légal : Mai 2025